El elefante

El elefante

Melissa Gish

Vida salvaje

CREATIVE EDUCATION
CREATIVE PAPERBACKS

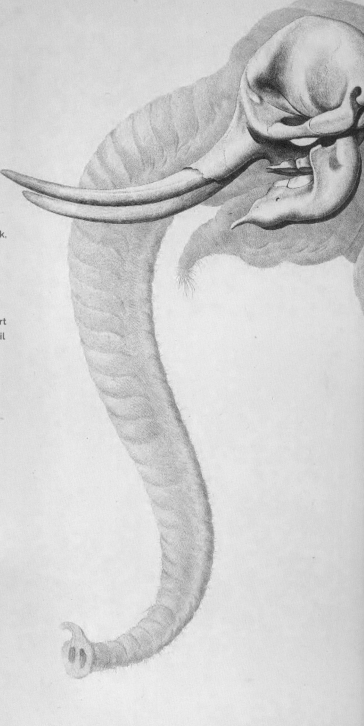

Publicado por Creative Education y Creative Paperbacks
P.O. Box 227, Mankato, Minnesota 56002
Creative Education y Creative Paperbacks son marcas
editoriales de Creative Company
www.thecreativecompany.us

Diseño de Tom Morgan (www.bluedes.com)
Dirección de arte de Rita Marshall
Producción de Ciara Beitlich
Editado de Jill Kalz
Traducción de TRAVOD, www.travod.com

Fotografías de 123RF (Steffen Foerster), Alamy (Jonathan Blair, Volodymyr Burdiak,
The London Art Archive, Ann and Steve Toon, Maximillian Weinzierl), ClipArtPal
(Public Domain), Corbis (FPG, David Higgs, Panoramic Images, Michael Poliza),
Dreamstime (Marko Kerkez, Melissa Peltenburg-Schalke), Flickr (P. T. Barnum/
Bio Diversity Heritage Library, Bio Diversity Heritage Library, Georges Cuvier/Bio
Diversity Heritage Library, Eduard D' Alton/Bio Diversity Heritage Library, J. G.
Wood/Bio Diversity Heritage Library), Getty (Patricio Robles Gil/Sierra Madret, Art
Wolfe), iStock (Steven Allan, birajsarkar, ChrisMajors, gnomeandi, Grafissimo, Sunil
Kumar, microgen), Shutterstock (Ninetechno)

Library of Congress Cataloging-in-Publication Data
Names: Gish, Melissa, author.
Title: El elefante / Melissa Gish.
Other titles: Elephants. Spanish
Description: Mankato, Minnesota : Creative Education and Creative
   Paperbacks, [2024] | Series: Vida salvaje | Translation of: Elephants. |
   Includes bibliographical references and index. | Audience: Ages 10–14 |
   Audience: Grades 7–9 | Summary: "Brimming with photos and scientific
   facts, Elephants treats middle-grade researchers and wild animal lovers
   to a comprehensive zoological profile of this marvelous mammal of Africa
   and Asia. Translated into North American Spanish, it includes sidebars,
   a range map, a glossary, and an elephant folk tale from India"—
   Provided by publisher.
Identifiers: LCCN 2022051491 (print) | LCCN 2022051492 (ebook) | ISBN
   9781640267404 (library binding) | ISBN 9781682773000 (paperback) | ISBN
   9781640009066 (ebook)
Subjects: LCSH: Elephants—Juvenile literature.
Classification: LCC QL737.P98 G57318 2024 (print) | LCC QL737.P98 (ebook)
   | DDC 599.67—dc23/eng/20221122

Impreso en China

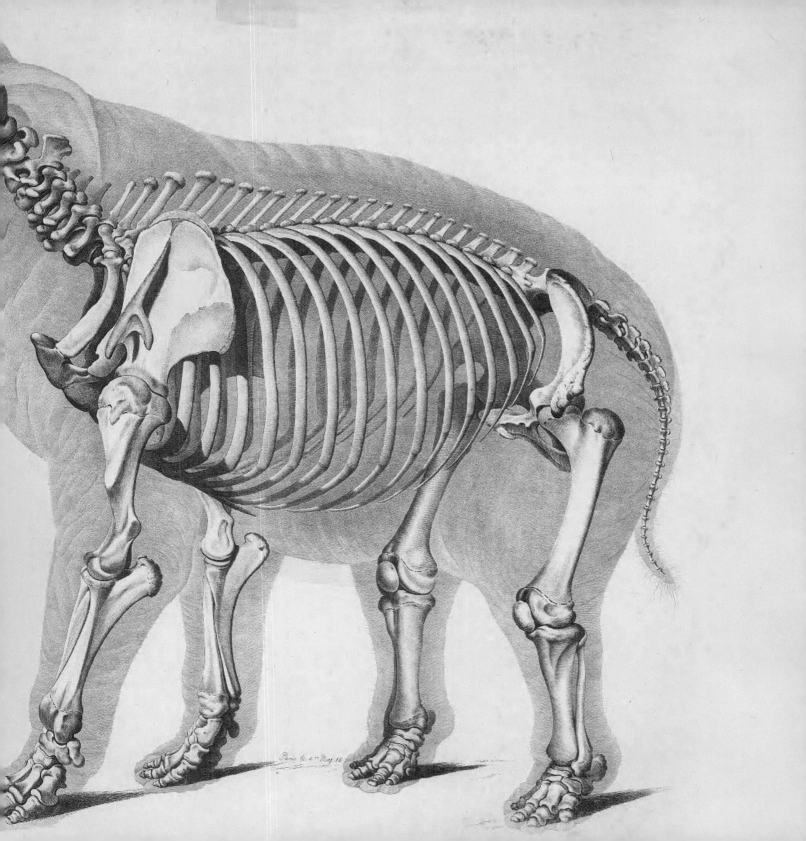

Paris le 4 May 18

CONTENIDO

El viento sopla en remolino y levanta un camino de polvo de la árida tierra, revelando el rastro de una manada de elefantes. Es pleno verano en Zimbabue, país del sudeste de África, y la sabana no ve la lluvia desde hace más de seis meses. El instinto de los elefantes los lleva hacia la lluvia que cae en el horizonte lejano. Otros animales como las cebras y gacelas se han unido a la larga expedición en busca de agua. A una joven madre elefanta y su cría les cuesta seguir el ritmo de la manada. Los leones observan esta gran migración, esperando que los animales más débiles se queden atrás. El elefante bebé tropieza, exhausto y sediento. Con una serie de gruñidos, bramidos y barritos bajos, su madre lo guía, amablemente pero con firmeza. Finalmente, tras su viaje extenuante de 250 millas (402 kilómetros), los elefantes llegan al agua. Las lluvias abundantes ablandan la tierra y llenan el seco cauce de los ríos. Los elefantes han sobrevivido a otra temporada seca.

Cuando las manadas de elefantes viajan, a veces caminan en una sola fila; las crías van unidas, trompa con cola.

Un gigante pacífico

El elefante es el animal más grande que vive en tierra firme. Los primeros ancestros del elefante aparecieron hace unos 50 millones de años y evolucionaron en más de 350 especies. Sin embargo, actualmente solo existen tres especies de elefantes: El elefante africano de sabana, el africano de la selva y el asiático.

Los elefantes de la actualidad están emparentados con el ahora extinto **mamut** del último período glacial de la Tierra, que concluyó hace unos 10.000 años. Hoy, los parientes vivos más cercanos del elefante son el damán, que tiene el tamaño de un conejo, y el manatí, un animal acuático.

El elefante y sus parientes son mamíferos. Todos los mamíferos, excepto el ornitorrinco y el equidna, que es parecido a un erizo, dan a luz a crías vivas y producen leche para alimentarlas. Los mamíferos son animales de sangre caliente. Esto significa que su cuerpo tiene que trabajar para mantener una temperatura saludable. El elefante baja su temperatura agitando sus orejas como abanicos para liberar calor de su cuerpo. Además, suda entre los dedos. Sus largas pestañas le ayudan a filtrar el polvo del aire y su piel gruesa y flexible protege al elefante del viento, la lluvia y el calor. El elefante puede tolerar temperaturas frías, siempre y cuando su piel se mantenga seca. Tiene pelo, pero es irregular y delgado. Los pelos más largos están en la punta de la cola del elefante.

La trompa es el rasgo más sobresaliente del elefante. Es una **adaptación** de la nariz y el labio superior, y tiene dos orificios por donde el elefante respira. La trompa está compuesta por alrededor de 40.000 músculos y esto la hace increíblemente flexible. Se la puede usar para llevar comida a la boca o como un arma de defensa. Un elefante macho adulto puede levantar hasta 600 libras (272 kilogramos) con su trompa. El elefante también usa su trompa para investigar el entorno. Al levantar la trompa en el aire, el elefante puede detectar los olores de su manada, de otras manadas y de potenciales depredadores. Las elefantas incluso usan su trompa para disciplinar a sus crías con un golpecito como advertencia para evitar algún peligro.

Tanto el macho como la hembra desarrollan colmillos. Los colmillos son dientes largos que sobresalen cuando la boca del elefante está cerrada. Adentro de la boca, solo hay cuatro dientes planos. Estos dientes pueden medir hasta 4 pulgadas (10 centímetros) de ancho y 12 pulgadas (30 cm) de largo. Conforme el elefante tritura la comida, los dientes se van desgastando. Cuando un elefante tiene unos 15 años de edad, sale un segundo juego de dientes desde abajo de los primeros y los empuja hasta que se caen. Estos dientes nuevos duran alrededor de 15 a 25 años. Después de eso, al elefante le saldrán dos juegos más, y cada uno durará hasta 20 años. Cuando un elefante viejo ya no puede triturar bien la comida, con el tiempo morirá de hambre. Muy pocos elefantes africanos viven más de 80 años y los asiáticos rara vez viven más de 60.

La punta de la trompa del elefante africano tiene dos partes como aletas que le permiten recoger objetos con un movimiento de pinza.

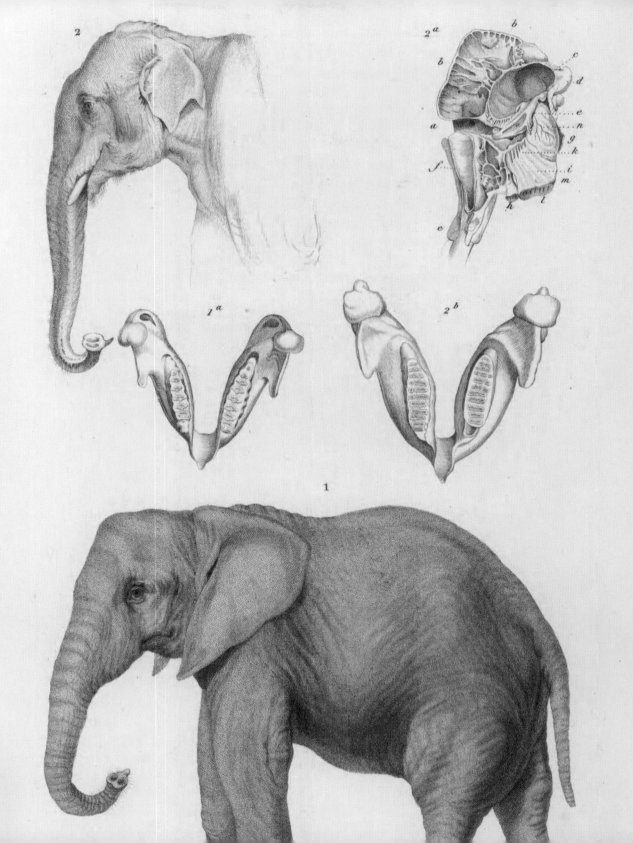

En qué parte del mundo vive

Tres especies —el africano de sabana, el africano de selva y el asiático— conforman la población de elefantes que viven en el mundo actualmente. Como se representa con los números, los elefantes pueden encontrarse en sus tierras nativas de África, el sur de Asia y el sudeste de Asia.

1. **Elefante africano de selva:** bosques tropicales del oeste y el centro de África

2. **Elefante asiático:** Bangladesh, sur de India, Sri Lanka, Indochina y partes de Indonesia

3. **Elefante africano de sabana:** sabanas del centro y sur de África

La trompa de un elefante africano adulto mide aproximadamente 8 pies (2,4 metros) de largo y puede contener hasta 2,6 galones (9,8 litros) de agua.

La mayoría de las especies de mamuts eran del mismo tamaño que el elefante asiático moderno, pero sus colmillos eran mucho más largos.

El elefante es un herbívoro, lo que significa que solo come plantas, hojas, pasto, semillas y frutas. Cuando no puede alcanzar las hojas, el elefante puede empujar al árbol hasta tirarlo. Los elefantes que viven cerca de las personas pueden incluso robar de los cultivos. Sin embargo, la mayoría de los elefantes cumplen un papel importante en sus hábitats. Muchas de las semillas que el elefante come no se digieren totalmente. Cuando el elefante las excreta, estas semillas pueden convertirse en plantas y árboles nuevos. Un elefante puede comer alrededor de 500 libras (227 kg) de alimento y beber alrededor de 50 galones (189 l) de agua por día. Para llegar a una fuente de agua, los elefantes pueden tener que caminar grandes distancias. El elefante camina a una velocidad de unas 4 millas (6,4 km) por hora, pero si está enojado o asustado, puede correr a 25 millas (40 km) por hora, y así la manada se saca de encima con facilidad a los depredadores.

El elefante puede alcanzar alimentos que están a 20 pies (6 m) de altura y esto lo convierte en uno de los herbívoros más versátiles del mundo.

H asta finales del siglo XX, los científicos creían que solo existían dos especies de elefantes: el africano y el asiático. Pero en el año 2000, estudios más profundos sobre el **ADN** de los elefantes revelaron que los elefantes africanos podían dividirse en dos especies distintas: elefante de sabana (*Loxodonta africana*) y elefante de selva (*Loxodonta cyclotis*). Estas dos especies difieren en tamaño, en la forma de las orejas y la boca, y en la cantidad de dedos en las patas.

Un elefante africano de sabana macho puede medir entre 10 y 13 pies (3-4 m) de alto en el hombro, y puede pesar hasta 18.000 libras (8 toneladas métricas). La hembra es ligeramente más pequeña. Sus colmillos de marfil se han usado durante miles de años para fabricar herramientas y artefactos. Al elefante de sabana se le conoce así porque vive en las sabanas, o grandes planicies, de los siguientes países: Kenia, Tanzania, Botsuana, Zimbabue, Namibia y Sudáfrica.

El elefante africano de selva se ha adaptado a vivir en las selvas tupidas. Es ligeramente más pequeño y robusto que el elefante de sabana, y tiene una boca más larga y estrecha. Como los colmillos largos y curvos podrían quedar atascados entre las lianas y las ramas de los árboles, los elefantes de selva desarrollaron gradualmente colmillos más pequeños, delgados y rectos. Además, mientras que el elefante de selva tiene cinco dedos en las patas delanteras y cuatro dedos en las traseras, el elefante de sabana tiene cuatro dedos en las patas delanteras y tres en las traseras. El elefante de selva se puede encontrar desde Congo, un país en África central, hasta Mauritania, en el oeste del continente. Ambos tipos de elefante africano necesitan un territorio grande donde vivir y encontrar suficiente alimento. El territorio, o área de acción, de un elefante cubre aproximadamente 1.240 millas cuadradas (3.212 km cuadrados).

La tercera especie de elefante, el elefante asiático (*Elephas maximus*), es nativa de los humedales y pastizales de Indonesia, Bangladesh, India, el sur de China e Indochina. Este elefante es más pequeño que los elefantes africanos, rara vez llega a medir más de 10 pies (3 m) de alto en el hombro, y pesa hasta 12.000 libras (5,4 t). El elefante asiático se considera una especie amenazada y está en peligro de **extinción**. Los científicos estiman que actualmente existen solo unos 28.000 a 42.000 elefantes asiáticos en estado silvestre.

Las orejas de cada elefante son únicas; los investigadores tratan a las orejas como huellas digitales y las usan para identificar individuos.

Mientras que el elefante indio (*izquierda*) tiene una cabeza en forma de domo con una línea por el centro, el elefante africano (*derecha*) tiene una cabeza redondeada.

Indischer Elefant

Afrikanischer Elefant

Una característica física obvia que puede usarse para diferenciar a las tres especies de elefantes es el aspecto de las orejas. El elefante africano de sabana tiene orejas de forma triangular con los extremos en punta. El elefante africano de selva tiene orejas más redondeadas. Ambas especies de elefantes africanos tienen orejas tan grandes que cubren el cuello. Las orejas del elefante asiático son mucho más pequeñas y no cubren el cuello.

Valores familiares

La mayoría de los elefantes viven en grupos llamados manadas. Las elefantas dirigen las manadas familiares. Una elefanta mayor y con más experiencia —la matriarca— cuida a las demás hembras y a los machos jóvenes de su familia.

Una manada puede tener de 6 a 12 integrantes y puede crecer hasta incluir entre 20 y 40 elefantes de otras familias. Si la manada se vuelve demasiado grande y la comida escasea, algunos miembros de la familia pueden separarse de su actual manada para formar una manada nueva que se mudará a un territorio diferente. Cuando la matriarca muere, una de sus hijas toma su lugar.

Los elefantes macho abandonan la manada familiar cuando llegan a la adolescencia. Hasta 15 machos pueden unirse para formar un grupo. La sociedad de los elefantes se basa en una **jerarquía**. Cada animal cumple con un papel particular y unos tienen más poder que otros. Los machos luchan entre sí por el dominio. Al pelear por el acceso a la comida y al agua —y aumentar su fuerza— los machos mayores y más grandes ganan poder sobre los machos más jóvenes.

Cuando un elefante macho madura, entre los 10 y 15 años de edad, ya tiene edad suficiente para aparearse. Alrededor de este período, el macho comienza a producir niveles

Confinar a los elefantes en ambientes seguros no siempre es fácil, ya que a veces tratan de escapar del cautiverio.

altos de un químico llamado testosterona, que hace que el elefante se vuelva más agresivo y quiera aparearse pronto. En los períodos en que producen más testosterona, los machos abandonan el grupo de machos para buscar manadas con hembras que también estén listas para aparearse. Los elefantes no tienen una temporada de apareamiento específica, así que esto puede ocurrir en cualquier momento.

Cuando las hembras cumplen entre 10 y 15 años de edad, empiezan a aparearse con machos dominantes que visitan su manada y pueden seguir reproduciéndose hasta después de los 50 años. Después de aparearse, el macho abandona esa manada y regresa a su grupo de machos. No participará en la crianza de sus bebés. La hembra lleva en el vientre a una única cría durante 18 a 24 meses, el período de gestación más largo entre los mamíferos. Luego da a luz estando de pie.

Las crías recién nacidas miden en promedio 3 pies (0,9 m) de alto y pesan entre 170 y 250 libras (77–113 kg), dependiendo de si son machos o hembras. Un recién nacido es inteligente y está alerta, pues su cerebro ya mide un tercio de lo que mide el cerebro de un elefante adulto. Pero no sabe nada del mundo y deberán enseñarle todo sobre la vida en la manada. Durante los primeros cuatro a cinco años de su vida, el elefante pequeño es totalmente dependiente de su madre en cuanto a seguridad emocional y física.

Cuando nacen, los elefantes tienen pelos negros dispersos por su piel color gris oscuro, pero estos pelos desaparecen con la edad.

Al igual que un bebé humano está fascinado con sus propios dedos de las manos y los pies, la cría del elefante siente curiosidad sobre qué hacer con su increíble trompa. La cría depende de la madre, quien le enseñará a usar la trompa para levantar cosas, rascarse la oreja o sorber agua para beber. Además, al imitar a los adultos, las crías aprenden a darse baños de polvo, a elegir el mejor alimento y a hacer los diferentes sonidos de elefante que indican seguridad, emoción y peligro. Todos los miembros de la manada trabajan en conjunto para cuidar a los elefantes jóvenes y mantenerlos a salvo de los depredadores como los leones y las hienas.

Como los elefantes son mamíferos, alimentan a sus crías con su leche. Un elefante bebé de poca altura puede necesitar pararse en sus patas traseras para alcanzar la leche de su madre, que proviene de dos glándulas justo atrás de las patas delanteras de la elefanta. Los elefantes bebés viven de leche durante los primeros meses. Luego empiezan a comer el pasto y las hojas que les proporciona su madre. Con el tiempo, la leche se convierte en tan solo una parte menor de la dieta de la cría, pero pueden pasar hasta 10 años (o hasta el nacimiento de una hermana o hermano) para que la cría deje de lactar de su madre.

U na vez que el elefante ha aprendido todo lo que necesita saber y puede encontrar su propia comida, ya está listo para convertirse en un miembro trabajador de la manada. Las hembras permanecen cerca de su madre durante toda la vida e interactúan más que los machos dentro de la manada familiar. También ayudan a criar a los nuevos bebés. Los machos jóvenes suelen alejarse de su madre a edad más temprana, con el fin de unirse a los grupos de machos.

Los elefantes buscan comida casi constantemente —unas 20 horas al día. Durante la parte más calurosa del día, buscan agua para beber y bañarse. Los elefantes se salpican y rocían mutuamente, y cubren sus cuerpos con lodo fresco cada vez que tienen la oportunidad. Durante el día, los baños secos de tierra les ayudan a alejar a los insectos de su piel.

El elefante fabrica su propio bloqueador solar al usar su trompa para rociarse primero con agua y después con una capa de tierra, arena o paja.

El juego es importante para el desarrollo social de las crías, que deben aprender su lugar dentro del sistema jerárquico de la manada.

Las siestas también forman parte de la vida del elefante. Los elefantes pueden permanecer de pie mientras toman una siesta, pero para dormir profundamente deben acostarse. Los elefantes duermen solo tres o cuatro horas por la noche, y solo dos de esas horas las pasan acostados. El elefante usa su trompa para reunir pasto y hojas y hacer una almohada para su cabeza. La manada completa nunca duerme al mismo tiempo; unos cuantos elefantes toman turnos para montar guardia contra los peligros.

Ya sea que los elefantes estén comiendo, bañándose o descansando, siempre se comunican entre sí. Emiten chillidos suaves, gruñidos sordos y fuertes barritos. En cautiverio, se sabe que los elefantes imitan las voces de sus cuidadores y los sonidos de las máquinas. Aunque la mayor parte de lo que dice el elefante lo comunica usando infrasonido. El nivel de estas ondas sonoras es tan bajo que los humanos no pueden oírlas. Los científicos creen que estos sonidos pueden viajar hasta una distancia de 2,5 millas (4 km). Esto explica cómo los machos pueden encontrar a las hembras para aparearse y cómo los elefantes que pudieran haberse separado de una manada migrante pueden volver a encontrarla. Los elefantes viajan cientos de millas en cada estación, dependiendo de la disponibilidad de agua y alimento.

Para inicios del siglo XX, los elefantes africanos de sabana habían sido casi exterminados debido a las expediciones de caza de extranjeros.

Aunque los elefantes adultos no tienen depredadores naturales (ni los leones suelen atacarlos), las crías son vulnerables a los ataques de cocodrilos, hienas, leones y leopardos. La mayor amenaza para todos los elefantes de África y de Asia es el ser humano. Durante cientos de años, los elefantes han sido presas codiciadas por su carne, su piel, sus huesos y sus colmillos de marfil. Desde 1989, la cacería del elefante africano y el comercio del marfil son ilegales, pero los comerciantes profesionales han tratado de hacer revocar dichas leyes.

La guerra y la paz

El escritor griego de la antigüedad, Homero, fue el primero en escribir historias sobre las grandes «bestias con cuernos» de Asia —los elefantes— alrededor del año 700 a. C. Pero los elefantes habían sido **domesticados** mucho tiempo antes. La historia del entrenamiento de elefantes en India y el sudeste de Asia data de hace 4.000 años.

Los entrenadores, llamados *mahouts* en India, capturaban elefantes salvajes y los obligaban a someterse a sus órdenes. Los mahouts habilidosos sabían cómo usar un **condicionamiento** no violento durante varios meses para hacer que los elefantes obedecieran. Actualmente, entrenar elefantes se considera un arte en Asia y las habilidades de los mahouts son altamente valoradas.

Históricamente, los elefantes asiáticos eran entrenados por los pueblos nativos para trabajar la tierra y ayudar a quitar árboles. Los visitantes de otras partes del mundo quedaban fascinados por el control que tenía la gente sobre estas gigantes criaturas. Entonces, los extranjeros vieron rápidamente el potencial que tenían los elefantes para ayudar a la gente a vencer a sus enemigos. Los gobernantes de imperios como China, Persia y Roma contrataron mahouts y compraron elefantes para servir en sus ejércitos.

En India, los mahouts, vestidos con ropas tradicionales, aún entrenan y exhiben elefantes en ceremonias en la actualidad.

A diferencia de los caballos, que se usaban para el transporte, los elefantes servían como armas de guerra. Solían llevar puestos tocados y corazas blindadas. Les amarraban lanzas a los colmillos y colgaban ruidosas campanas de sus cuellos. Los soldados iban montados en grandes canastas sobre el lomo de los elefantes. A menudo se alineaba a cientos de elefantes para formar una barrera contra los ataques de **caballería**. Los elefantes iban al ataque y clavaban los colmillos y pisoteaban a los enemigos a su paso.

El relato más famoso de cómo se usaban elefantes en las batallas es la historia de Aníbal, un líder militar de lo que ahora es Túnez, un país del norte de África. En 219 a. C., Aníbal dirigió a 50.000 soldados y 37 elefantes en una expedición de 15 días a través de los Alpes para llegar a Italia y combatir contra los romanos. Perdió miles de hombres y 36 de los elefantes por el mal clima y la hostilidad de los montañeses, pero el ejército de Aníbal derrotó a los romanos en dos batallas y logró expulsarlos del norte de Italia. Cuando en el siglo XV se difundió el uso de la pólvora, los elefantes dejaron de ser útiles para combatir. En lugar de ello, los ejércitos los usaban como transporte y la realeza los exhibía como símbolo de su poder.

Los elefantes también eran un regalo común entre reyes y otros líderes. En el año 798 d. C., el califa de Bagdad (ciudad en el actual Irak) le regaló un elefante a Carlomagno, quien pronto se convertiría en el emperador del Sacro Imperio Romano. El raro elefante blanco recibió el nombre de Abul-Abbas. En 1255, Luis IX de Francia le regaló un elefante a Enrique III de Inglaterra para que lo agregara a su **casa de fieras** real. Y en el siglo XVI, el papa León X tenía un elefante como mascota que se llamaba Hanno. En el siglo XVII, aparecieron los actos con elefantes en zoológicos itinerantes por toda Europa. Doscientos años más tarde, los elefantes se volvieron atracciones populares en los circos y zoológicos en América del Norte. Probablemente el elefante de circo más famoso fue Jumbo, el elefante más grande del mundo en ese momento. En 1882, el artista circense P. T. Barnum pagó $10.000 por Jumbo y gastó $20.000 para que le enviaran al elefante desde Europa a Estados Unidos

Tallas del dios hindú con cabeza de elefante, Ganesha, aparecen en toda India como señal de respeto por el animal y la deidad.

Aníbal, conocido como el padre de la estrategia militar, era famoso por sus muchas tácticas de guerra, entre ellas, el uso de elefantes.

JUMBO.

El elefante Jumbo nació en el este de África y, en 1865, fue enviado al zoológico de Londres, donde vivió hasta 1882.

para su circo Barnum & Bailey. El circo de Barnum se anunciaba como el «espectáculo más grande sobre la faz de la Tierra»; Jumbo era la estrella y ocupaba la pista central del nuevo circo de tres pistas.

Jumbo viajó con Barnum & Bailey tan solo tres años. En 1885, sucedió una tragedia cuando el circo estaba cargando sus vagones de tren en el pueblo canadiense de St. Thomas. Según cuenta la leyenda, un tren no programado se dirigió a gran velocidad por las vías hacia los animales que estaban esperando, y un elefante enano llamado Tom Thumb iba a ser arrollado. Jumbo envolvió a Tom Thumb con su trompa y lo arrojó para ponerlo a salvo, pero Jumbo no pudo quitarse a tiempo del camino del tren. Fue aplastado y murió en las vías. Posteriormente se erigió una estatua de Jumbo en el patio de maniobras ferroviarias de St. Thomas.

Los elefantes de ficción han sido igualmente celebrados a lo largo de los años. El autor británico Rudyard Kipling nació en Mumbai (antes llamada Bombay), India, y creció rodeado de elefantes y otros animales salvajes. Escribió muchas historias que incluían elefantes como personajes, entre ellas: «El hijo del elefante», un cuento que explica por qué la trompa del elefante es tan larga. Su obra más famosa, *El libro de la selva* (1894), incluía a un personaje elefante llamado Hathi. En los años 30, el escritor francés Jean de Brunhoff creó una serie de historias sobre Babar, un joven elefante que tomó su nombre de un gran emperador de la India. En la década siguiente, el elefante Horton apareció por primera vez en las obras del escritor estadounidense Dr. Seuss. En 2008, la película de dibujos animados *Horton y el mundo de los Quién* contaba la historia de cómo el compasivo elefante lucha por salvar al diminuto mundo de Villa Quién.

De acuerdo con la tradición hindú antigua, los elefantes se usaban para transportar a Indra, el rey de los dioses. Por esta razón, el elefante asiático suele aparecer en los festejos hindúes en los que hay trajes y música. Por ejemplo, en ciudades de toda India y el sudeste de Asia se llevan a cabo grandes marchas de elefantes como parte de diversos festivales y días festivos hindúes. A los elefantes se los decora con elaboradas telas de terciopelo y seda y se les pinta la trompa, la frente y las patas con colores brillantes. Están ataviados desde los colmillos hasta la cola con joyas que tintinean musicalmente mientras caminan. Se llevan a cabo competencias, carreras y juegos con los elefantes.

Sin embargo, no todas las personas respetan a los elefantes. La práctica de la caza de marfil comenzó cuando los europeos se establecieron en África y Asia en el siglo XIX. Para 1850, Inglaterra había **colonizado** la mayor parte de India y los colonizadores europeos empezaron a establecerse en África Oriental alrededor del año 1900. Los cazadores aventureros notaron las enormes manadas de animales grandes distribuidas por el territorio. Estos hombres, llamados «cazadores blancos», realizaban recorridos de caza, o safaris, en las entonces salvajes tierras de Kenia, Nairobi, Tanzania y Uganda. Millonarios, miembros de la realeza y estrellas de cine acompañaban a estos cazadores blancos en busca de presas grandes como, por ejemplo, elefantes.

Era común en aquellos días que los cazadores consiguieran colmillos de elefante africano que pesaban casi 300 libras (136 kg). En Asia y en África, millones de elefantes —y otros animales— fueron masacrados indiscriminadamente entre 1850 y 1980, cuando finalmente surgió la inquietud en torno a la destrucción de las especies. A pesar de la prohibición mundial del marfil que ha estado en efecto desde 1989, los **cazadores furtivos** siguen cazando elefantes. Actualmente, alrededor de 400.000 elefantes se pasean por el paisaje africano.

Fragmento de «El valle desolado»

Acostado por la noche en la cabaña del cazador,

Qué salvajemente hermoso era en aquél entonces

Oír el estridente repique de diana de los elefantes

¡Cual lejana trompeta de señal en el oído!

Mientras la amplia luna de la medianoche brillaba clara,

¡Qué miedo mirar hacia los bosques

Y ver aparecer a esos majestuosos reyes del bosque,

Emergiendo de su soledad sombría!

Como si ese triunfo hubiera despertado a las viejas crías

gigantes de la Tierra.

Tal era la escena majestuosa y melancólica

Que en medio de esa montaña salvaje encontramos;

Con apenas ni rastro que indicara la presencia del hombre,

Salvo por las viejas cabañas Kafir, que se están

desmoronando.

Sin embargo, esta cañada solitaria (tierra antigua de Sicana)

Abandonada por mucho tiempo a las tribus salvajes de la

naturaleza

Antaño, ya había escuchado el gozoso sonido del Evangelio

Y, en voz baja, los rebaños mezclados con la canción del

Sabbat.

Pero ahora todo está en silencio. La mano del opresor fue

contundente.

— por Thomas Pringle (1789–1834);
traducción al español de Gabriela Lozano

Al borde de la extinción

Aunque los programas de investigación y reproducción mantienen elefantes en cautiverio en todo el mundo, los científicos saben que proteger a los elefantes en su propio hábitat es fundamental para la supervivencia de estos animales.

En 2002, Estados Unidos promulgó una nueva versión de la Ley para la Conservación del Elefante Africano. En virtud de esta se proporcionan fondos anuales a los países donde viven los elefantes. Con estos fondos, los gobiernos establecen áreas protegidas, les pagan a los guardabosques para que patrullen los territorios en busca de cazadores furtivos, y establecen grupos de investigación para monitorear de cerca las poblaciones de elefantes.

El Fondo Mundial para la Naturaleza (WWF), apoyado por más de 100 naciones, puede llevar a cabo investigaciones a mayor escala. Uno de sus proyectos es el rastreo por **satélite** de los elefantes de selva en África Occidental. Para monitorear elefantes individuales, los científicos primero les disparan dardos tranquilizantes para dormirlos. Después de unos 20 minutos, cuando el elefante que recibió el dardo finalmente se queda

Una cubierta de lodo protege a los elefantes no solo de las quemaduras del sol sino también de los parásitos — animales que pueden vivir sobre el elefante y causarle daño.

Una cría aprende todo lo que necesita saber de la vida de su madre o de otra pariente hembra mayor.

Para salvar a los elefantes de los cazadores, los administradores de vida silvestre suelen capturar a los elefantes y reubicarlos en áreas protegidas.

dormido, los investigadores vierten agua sobre sus orejas para mantenerlo fresco mientras proceden a trabajan en él. Le toman muestras de piel y de sangre, y le colocan un collar especial alrededor del cuello. Ese collar cuenta con un dispositivo de rastreo mediante **Sistema de Posicionamiento Global** (GPS, por sus siglas en inglés). Cuando los investigadores terminan, le inyectan al elefante una sustancia para que despierte.

La información reunida de los dispositivos GPS ayuda a los investigadores a contar las poblaciones de las manadas y a entender cómo y dónde migran los elefantes durante las estaciones. También ayuda a predecir qué elefantes tienen probabilidad de entrar en conflicto con los humanos y en qué áreas los elefantes están más vulnerables a los cazadores furtivos. Entonces, pueden establecerse áreas protegidas adicionales para darles a los elefantes el espacio que necesitan para deambular.

Los elefantes necesitan tener acceso a grandes áreas de terreno para sobrevivir: por lo tanto, además de la caza, la pérdida de hábitat es un factor principal en la disminución de las poblaciones de elefantes. La **invasión** humana tanto en Asia como en África ha puesto a la gente en contacto más cercano con los elefantes, ya que los animales buscan alimento y agua en hábitats más pequeños. La extensión de áreas urbanas ha bloqueado las rutas de migración, provocando demoras y confusión entre los elefantes.

Construir granjas más cerca del hábitat del elefante provoca problemas como los saqueos a los cultivos. Tanto en África como en Asia, grupos ambientalistas y agrícolas llevan a cabo investigaciones a fin de descubrir métodos para evitar que los elefantes depreden los cultivos. Cuando los elefantes pisotean o se comen los cultivos, los furiosos productores pueden ya sea matar a los elefantes de forma ilegal o atraparlos y venderlos a «campos de elefantes». Estos son lugares donde los elefantes son exhibidos y, a veces, entrenados para hacer trucos para entretener a los turistas. Lamentablemente, allí los elefantes están a menudo hacinados y pueden sufrir maltratos.

Los científicos ahora creen que el maltrato y el **trauma** provocan cambios en el comportamiento normal del elefante. En estudios realizados por la National Geographic Society y por universidades de Oregon y California, los científicos encontraron que las crías de elefante que presencian la matanza de sus manadas por los cazadores furtivos de marfil y quedan huérfanos crecen confundidos y enojados. Estos elefantes pueden cargar toda su vida con los recuerdos de eventos traumáticos, sufriendo depresión y presentando una conducta violenta semejante a los síntomas del trastorno por estrés postraumático que los humanos padecen después de presenciar grave destrucción, guerra o muerte. No obstante, los principales expertos en elefantes, como la psicóloga Dra. Gay Bradshaw, creen que los elefantes se pueden recuperar de este trastorno si los humanos les brindan los cuidados y el apoyo apropiados. Bradshaw y otros que han dedicado su vida a estudiar la conducta de los elefantes piensan que los elefantes tienen la capacidad de perdonar y superar experiencias traumáticas.

La científica Joyce Poole ha llevado a cabo más estudios sobre el funcionamiento interno de la mente de los elefantes. Estudió a los elefantes del Parque Nacional Amboseli, al pie del Monte Kilimanjaro, en Kenia, durante más de 30 años. El trabajo de Poole y otros con el Proyecto de Investigación de Elefantes de Amboseli —que se estableció en 1972 y es el estudio de elefantes a más largo plazo del mundo— ha llevado a descubrimientos invaluables sobre las relaciones y el comportamiento social de los elefantes, además de sus patrones reproductivos y su comunicación. Específicamente, la investigación de Poole ha revelado que los elefantes pueden reconocerse a sí mismos en un espejo, lo que significa que son conscientes de sí mismos —característica que, hasta hace poco, los científicos creían que solo los humanos, los simios y los delfines poseían. Además, los elefantes pueden usar herramientas, una conducta rara en el reino animal. Se ha observado a elefantes apilando llantas para usarlas como peldaños a fin de alcanzar ramas altas y derribando troncos para cruzar cercas eléctricas.

Los proyectos de investigación patrocinados por la National Science Foundation y realizados en zoológicos de todo el mundo, al igual que en Amboseli, revelaron que, además de comunicarse con infrasonido, los elefantes también

Las investigaciones sobre la comunicación entre elefantes ayudan a los científicos a entender los vínculos sociales y la importancia de preservar los grupos familiares.

usan señales químicas. Sus fluidos corporales —lágrimas, sudor y orina— tienen olores que son únicos de cada elefante. Los científicos creen que como los elefantes pueden reconocer el olor de sus familiares, las señales químicas evitan que los machos escojan una pariente cercana para aparearse.

Para los elefantes que no pueden ser protegidos en la naturaleza, hay santuarios especiales a donde se los puede llevar para salvaguardarlos. El Santuario de elefantes de Hohenwald, Tennessee, es un refugio desarrollado especialmente para elefantes **desplazados**. Este santuario rescata elefantes

Ruby, una elefanta asiática que vivió durante 24 años en el Zoológico de Phoenix, en Arizona, se volvió famosa por sus pinturas.

viejos, enfermos, o emocionalmente dañados que, de otro modo, serían matados. En Hohenwald, no se exhibe a los elefantes sino que se les permite vivir en paz en 2.700 acres (1.093 hectáreas) de bosque y planicies.

Muchos zoológicos y parques de animales también promueven la conservación. African Lion Safari, un parque de vida salvaje «sin bajarse del auto» en Ontario, Canadá, educa al público a través de las experiencias que los visitantes tienen con los animales. Mientras los visitantes permanecen «enjaulados» dentro de sus vehículos, los animales se pasean libremente. La International Elephant Foundation es una de muchas organizaciones cuyo objetivo es apoyar la conservación de elefantes a través de la educación en todo el mundo.

Aún cuando las poblaciones de elefantes son una fracción de lo que eran hace menos de medio siglo, algunos lugares tienen más elefantes de los que las zonas pobladas pueden soportar. La African Wildlife Foundation y muchas organizaciones de Asia trabajan para reubicar a los elefantes en hábitats naturales y buscar maneras para que los humanos coexistan pacíficamente con ellos. Con mayor educación, leyes internacionales más fuertes y apoyo económico, dichas organizaciones pueden seguir ayudando a que los elefantes sobrevivan en un mundo muy cambiante.

Cuento de animales: El elefante blanco

En India, los elefantes se consideran criaturas sagradas o santas. Los elefantes, símbolo de fuerza y honor, han sido parte del folklore indio durante 5.000 años. La historia del elefante blanco ilustra el importante estatus de este animal como criatura inteligente, bondadosa y noble.

En India, hace mucho tiempo, vivía un magnífico elefante blanco que amaba a su madre. Ella envejeció y perdió la vista, por lo que el joven elefante prometió cuidarla todos los días de su vida. El elefante llevó a su madre al Monte Candorana para vivir en una cueva junto a un lago tranquilo cubierto de flores rosas llamadas lotos. Su madre estaba feliz allí, y esto hacía feliz al elefante blanco.

Un día, el elefante blanco oyó a alguien llorando en el bosque. Halló a un hombre que le explicó que había venido desde Benaras, la capital sagrada de India, para visitar a sus parientes. Pero, ahora, luego de siete días de vagar solo, estaba asustado, cansado y hambriento, y no hallaba la forma de salir del bosque. «Te ayudaré», le dijo el elefante al hombre. Entonces, puso al hombre sobre su lomo y lo llevó a la orilla del bosque.

Cuando el hombre regresó a Benaras, se enteró de que el elefante real que pertenecía al Rey Brahmadutta acababa de morir. El rey envió un decreto a todas las personas del reino: «Debemos encontrar un nuevo elefante real. Debe ser valiente, fuerte y hermoso para servir al rey». Así que ese hombre se apresuró a contarle al rey sobre el elefante blanco que vivía en el Monte Candorana. Estas noticias complacieron mucho al rey y envió al hombre y a varios mahouts en una misión para capturar a este elefante.

En el bosque, el grupo se acercó sigilosamente al elefante blanco y lo atrapó. El elefante se sintió traicionado por el hombre que él había ayudado, pero no opuso resistencia. Sabía que si luchaba, podría lastimar a los hombres —y tenía un corazón tan bondadoso que no podía lastimar a nadie.

Esa noche, cuando el elefante blanco no regresó a casa, su madre lloró amargamente.

En la ciudad de Benaras, el rey estaba encantado. Ordenó a su gente cubrir al elefante de flores y pintar su piel con colores brillantes. Sirvieron la mejor comida, pero el elefante se negó a siquiera probarla.

El rey le preguntó al elefante por qué no estaba contento de ser el elefante real. El elefante le explicó que solo quería cuidar a su madre ciega allá en el Monte Candorana; él no

podía comer o celebrar sabiendo que su madre
estaba sola y pasando hambre.

El rey, conmovido con la historia del elefante,
lo dejó en libertad. El elefante corrió feliz hacia su
casa y encontró a su madre dormida en la cueva.
Cuando él acarició su cara, ella despertó y gritó
de felicidad. Él le contó cómo los hombres del rey
lo habían capturado y cómo el rey le devolvió su
libertad. Su madre se sentía llena de alegría al tener
a su hijo de vuelta y bendijo al rey con paz,
prosperidad y alegría por el resto de
su vida.

El elefante blanco cuidó a su madre hasta el
día en que ella murió. Y cuando él mismo murió,
muchos años más tarde, el rey erigió una estatua
en su honor. Hasta la fecha, la ciudad (que ahora se
llama Varanasi) celebra anualmente un festival del
elefante para honrar el alma bondadosa y noble del
elefante blanco.

EL ELEFANTE BLANCO

Glosario

adaptación – cambio en una especie para aumentar sus probabilidades de supervivencia en su entorno.

ADN – ácido desoxirribonucleico; una sustancia que se encuentra en todos los seres vivos que determina la especie y las características individuales de ese ser.

caballería – soldados que luchan montados a caballo.

casa de fieras – colección de animales salvajes o únicos que se exhiben.

cazador furtivo – persona que caza especies protegidas de animales salvajes, incluso cuando eso vaya en contra de la ley.

colonizar – establecer asentamientos en una tierra nueva y ejercer control sobre ellos.

condicionamiento – proceso de entrenar seres vivos para que respondan o se comporten de cierta manera.

desplazado – forzado a abandonar el propio hogar por destrucción o desastres.

domesticado – domado para tenerlo como mascota o usarlo como animal de trabajo.

extinción – el acto o proceso de extinguirse; acabarse o desaparecer.

Hindú – relacionado con el hinduismo, la tercera religión más grande del mundo.

invasión – mudarse al espacio de otro.

jerarquía – sistema en el cual personas, animales o cosas se clasifican por su importancia, unas por encima de la otras.

mamut – un mamífero parecido al elefante de la extinta clase Mammuthus; los mamuts tenían pelaje y dientes acanalados.

satélite – un dispositivo mecánico lanzado al espacio; puede estar diseñado para viajar alrededor de la Tierra o hacia otros planetas o el sol.

Sistema de Posicionamiento Global – GPS; sistema de satélites, computadoras y otros dispositivos electrónicos que trabajan juntos para determinar la ubicación de objetos o seres vivos que traen puesto un dispositivo rastreable.

trauma – herida o golpe emocional que provoca angustia duradera en otro ser.

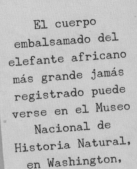

El cuerpo embalsamado del elefante africano más grande jamás registrado puede verse en el Museo Nacional de Historia Natural, en Washington, D.C.

Bibliografía seleccionada

African Wildlife Foundation. "Conserving Wildlife: Elephants." http://www.awf.org/section/wildlife/elephants.

Anthony, Lawrence, with Graham Spence. *The Elephant Whisperer: Learning about Life, Loyalty, and Freedom from a Remarkable Herd of Elephants*. London: Sidgwick & Jackson, 2009.

ElephantVoices. "Homepage." http://www.elephantvoices.org

Moss, Cynthia. *Elephant Memories: Thirteen Years in the Life of an Elephant Family*. Chicago: University of Chicago Press, 2000.

O'Connell, Caitlin. *The Elephant's Secret Sense: The Hidden Life of the Wild Herds of Africa*. New York: Free Press, 2007.

World Wildlife Fund. "Elephant." https://www.worldwildlife.org/species/elephant.

Índice alfabético